TRUE
TALES

DUMONT

NED ZEMAN

DER KÖNIG DER PINGUINE

EIN MANN UND SEINE SUCHE NACH DEM GRÖSSTEN MOMENT SEINES LEBENS

Aus dem Englischen von Claudia Buchholtz

DuMont TRUE TALES

1. Auflage 2017
2017 DuMont Reiseverlag, Ostfildern
© Ned Zeman for Vanity Fair / Copyright Condé Nast Publications

»Der König der Pinguine« erschien erstmals unter dem Titel »Death Among the Emperors« am 1. Januar 2010 in der amerikanischen Ausgabe der Vanity Fair.

Umschlag- und Reihengestaltung: ZERO Werbeagentur, München
Umschlagillustration: © GettyImages/Mlenny, FinePic/shutterstock
Vignette: FinePic/shutterstock
Autorenfoto: privat
Fotos im Innenteil: Bruno P. Zehnder, New York City; © Guido W. Zehnder
Bildauswahl in Zusammenarbeit mit Charlotte Schneider und Charly Hochstrasser

Printed in Europe
ISBN: 978-3-7701-6977-1

www.dumontreise.de

INHALT

EIS

An einem eiskalten Morgen erblickt ein Kaiserpinguin das Licht der Welt. Das Küken ist 15 Zentimeter groß, ein drollig watschelnder Wattebausch mit kleinen Flossen statt Flügeln. Ringsherum, soweit es sehen kann, stehen die älteren Mitglieder seiner Gemeinschaft, ein paar Tausend Tiere. Erwachsene Kaiserpinguine, die sich durch ihre enorme Größe und orangegelbe Ohrflecken auszeichnen, reichen einem Menschen bis zur Hüfte und bringen, nachdem sie sich den ganzen Sommer lang mit Fisch und Krill voll gefressen haben, bis zu 45 Kilo auf die Waage. Die Pinguine der Kolonie waren bereits vor mehreren Monaten von ihren Sommer-Nahrungsgründen zurückgekehrt, trompetenartige Rufe ausstoßend und unter großem Palaver lauthals zankend und zeternd auf dem Bauch geschlittert und gerutscht und über die eigenen Füße gestolpert. Um ihre kurzen Schwanzfedern zu richten, tanzten sie sogar ein wenig Pogo.

Es ist der 7. Juli 1997, tiefer Polarwinter, und wir befinden uns an der zerklüfteten Küste der Ostantarktika, gut 2500 Kilometer nördlich des Südpols und knapp 4000 Kilometer südwestlich der nächstgelegenen Stadt, dem tasmanischen Hobart. Zivilisation gibt es hier nicht – keine Straßen, keine Autos oder Boote, keinen Strom, lediglich gefährliche Klippen und Spalten und eine rosarot-marmorierte Sonne, die den Horizont fünf Stunden lang einfärbt, um dann für 19 Stunden wieder komplett zu verschwinden. Die Temperatur fällt auf minus 45 °C, der Wind pfeift mit knapp 180 Kilometern pro Stunde durch die Gegend. Sie zählt zu den stürmischsten des Planeten, und so entsteht die öde, schneesturmgepeitschte Landschaft, die Jack London, der Urvater aller polaren Mythen, »die weiße Stille« nannte. Nur wenige andere Vogelarten und Meerestiere können hier überleben neben dieser Armee von Kaiserpinguinen, die über ihre Eier – etwas größer als Tennisbälle – wachen und auf ein kleines Wunder hoffen.

Die Schalen brechen eine nach der anderen auf, und graue Knäuel kommen zum Vorschein. Damit ist der hart erkämpfte Ruf des Kaiserpinguins für ein weiteres Jahr gewahrt. Kaiserpinguine sind die zähesten Vögel von allen; sie schaffen es, sich in einem Klima warm zu halten, in dem selbst der robuste Vielfraß eingehen würde. Der beste Beweis dafür ist das Küken des Kaiserpinguins – des einzigen Pinguins, eigentlich des einzigen Tieres überhaupt, das es wagt, im tiefsten antarktischen Winter auf die Welt zu kommen. Der kleine Bursche – nicht mal ein Pfund schwer – taumelt im Wind, dreht das Köpfchen und spürt keinen Schmerz.

Kurz nach Mittag entdeckt das Küken etwas: eine verschwommene Gestalt am Horizont. Ein breitbrüstiger, rotgesichtiger Mann in einer grünen Jacke mit pelzgesäumter Kapuze, eine rote Mütze mit Ohrenklappen auf dem Kopf, stapft immer näher. Er keucht und trägt einen Rucksack. Der Mann heißt Bruno Zehnder, und für ihn, der knapp 21 000 Kilometer gereist ist, um hierherzukommen, ist es genau der richtige Zeitpunkt, um mitten im Nirgendwo zu sein. Das Wetter ist recht mild: Die Temperatur liegt bei –11 °C, der Wind weht mit 35 km/h, die Sichtweite beträgt zwei Kilometer.

Zehnder läuft seit etwa 40 Minuten auf dem festgedrückten Schnee, jeder Schritt ist heikel und erfordert Instinkt, Konzentration und Glück – man weiß hier nie, wann eine versteckte Spalte das Fußgelenk umknicken lässt oder jemanden komplett verschluckt. Zehnders Weg führt von Mirny, der russischen Forschungs- und Versorgungsstation, die ihm zur geistigen Heimat geworden ist, nach Norden, und er geht so lange, bis ihm die trockene Luft den scharfen, fischigen Geruch von Pinguinen zuträgt. Nur knapp zweieinhalb Kilometer liegen zwischen Mirny und der Pinguinkolonie, aber das ist ungefähr so, wie wenn man sagte, von San Francisco nach Alcatraz müsse man bloß über die Bucht. Nicht zufällig erinnert ein Friedhof auf der winzigen Buromski-Insel zwischen den beiden Orten an Dutzende Bewohner der Mirny-Station, die in der Kälte ihr Leben verloren. Die Russen, raubeinige Kerle, die zu wodkaseligen Ausschweifungen ebenso neigen wie zu gefährlichen Mutproben, stehen Zehnders Pilgerfahrten gleichermaßen belustigt wie irritiert gegenüber, und das aus gutem Grund. Der nervöse Fotograf, der endlos in sein Notizbuch kritzelt, ist der erste westliche Gast, der auf der ruppig-russischen Station lebt. Alles, was er macht, ist ein bisschen wie Theater. Sie nennen ihn den Pinguin-Mann. Bruno, den Pinguin.

Zehnder lässt seinen Rucksack fallen und nähert sich den Pinguinen. »Güt aftach-noon«, begrüßt er sie

auf Englisch, mit schweizerdeutschem Akzent. Die Pinguine, die ihre dünnen Schnäbel in den Himmel recken, mustern den Eindringling. *Klark!* rufen sie.

Zehnder öffnet seinen Rucksack und zieht vorsichtig und ganz langsam Stativ, Film und seine 35-mm-Kamera heraus, um seine Foto-Motive nicht zu verschrecken. Er besitzt eine Nikon von 1974, ein klobiger Fotoapparat der alten Schule, anderthalb Kilo Edelstahl, auf die eine kleine Schweizer Flagge aufgeklebt ist. Als Zehnder in die Knie geht und sich später auf den Bauch legt, halten die Pinguine höflich Abstand. Auf die Ellbogen gestützt, beginnt er, die Vögel zu fotografieren, die sich bei jedem Klicken des Verschlusses ein bisschen aufplustern. Von den Naturgewalten unbeeindruckt, stehen sie da und drehen nur den Kopf, er fotografiert sie aus allen möglichen Perspektiven und in allen Stellungen: Pinguine gegen den Himmel, Pinguine aneinandergekuschelt, Pinguine, ihre Küken fütternd. Er will hier ausharren, bis er das Eine bekommen hat, das er sich mehr als alles andere wünscht: die »perfekte« Aufnahme eines Kaiserpinguin-Kükens im Augenblick des Schlüpfens. Es ist seine 21. Reise in die Antarktis, und wenn er am Ziel ist, so schwört er sich, wird er den Kontinent für immer verlassen.

Eine Stunde lang arbeitet er planmäßig, dann unterbricht eine gedämpfte, geisterhafte Stimme die Stille. »Bruno«, sagt die Stimme. »Bruno, bitte. Over.« Die Stimme, die aus einem Funkgerät in Zehnders Rucksack dringt, gehört Wladimir Popow, einem Geophysiker von der Mirny-Station, den alle »Wowa« nennen, eine Verballhornung seines Kosenamens Wolodja. »Du solltest zurückkommen«, sagt Popow in einem Englisch, das durch einen starken russischen Akzent geprägt ist.

»Och, ich kann nicht«, antwortet Zehnder. »Ich muss meine Arbeit beenden. Ich habe heute ein schönes Foto geschossen.«

Popow drängt ihn erneut, schleunigst zur Mirny-Station zurückzukommen. »Na gut«, sagt Zehnder zögerlich. Inzwischen haben die Pinguine angefangen, die Reihen zu schließen und den Kreis enger zu ziehen, bis sie einen lückenlosen Pulk bilden, fest aneinandergeschmiegt gegen die Kälte – ein untrügliches Zeichen, dass schlechtes Wetter naht. Zehnder rafft seine Habseligkeiten zusammen, wendet sich Mirny zu und stapft los.

Was Antarktika angeht, kann man gar nicht übertreiben. Obwohl der Kontinent anderthalb mal so groß ist wie die USA, ist er doch so kalt, so unbewohnbar, so hoffnungslos abgelegen am Rande der Welt, dass er in Weltkarten und Atlanten oft vernachlässigt wird. Er umfasst ein Zehntel der Landmasse der Erde, hat aber keine Regierung und keine einheimische Bevölkerung. Im Sommer, wenn es dort am lebhaftesten zugeht, sind vielleicht 12 000 Menschen zu Besuch, größtenteils Wissenschaftler, die sich danach sehnen, bald wieder nach Hause zu kommen. Verübeln kann man es ihnen nicht. Hier ein paar Statistiken bezüglich Antarktika aus dem *World Factbook* der CIA:

Für Ackerbau geeignetes Land: 0

Dauerkulturen: 0

Wiesen- und Weideland: 0

Wald- und Forstgebiete: 0

Bewässertes Land: 0

Antarktika ist in Wirklichkeit eine riesige, prächtige Eisskulptur; mindestens 99 Prozent sind von Eis bedeckt, das nahezu 70 Prozent der weltweiten Süßwasserreserven ausmacht. Man stelle sich alles Eis der Erde vor und ziehe dann 90 Prozent ab, denn so viel ist alleine in Antarktika gebunden. Wer sich doch eines Tages mal auf dem Südpol wiederfinden sollte, hätte mehr als viereinhalb Kilometer Eis unter seinen Füßen – fast die Hälfte der Höhe des Mount Everest. Und dann gibt es da noch das Ross-Schelf, eine schwimmende Wand gefrorenen Wassers von der

Größe Frankreichs, die sich knapp 1000 Meter pro Jahr weiterschiebt und zeitweise an der Südküste des Kontinents festhängt. Für Umweltschützer ist das Eisschelf von besonderem Interesse, einige sehen hierin den Ground Zero des Treibhauseffektes: Die globalen Temperaturen steigen, das Schelfeis schmilzt, der Meeresspiegel steigt – Manhattan und andere tiefliegende Küstenorte werden Geschichte sein.

Die Temperaturen im kalten, toten Herzen des Südkontinents reichen von sommerlich hohen −18 °C bis −70 °C im Winter. Am 21. Juli 1983 vermerkten Meteorologen an der einsamen russischen Forschungsstation Wostok die niedrigsten Temperaturen, die jemals gemessen wurden: −89,2 °C. (Die Kälte nahe Wostok ist so unchristlich, dass die NASA sie als Versuchsstation für Weltraumsonden ins Auge fasste – die Gegend sei »dem Mars so ähnlich, wie es auf der Erde nur irgend geht«.) Im tiefsten Winter zieht man sich binnen Minuten Erfrierungen zu, alle Haut muss ununterbrochen bedeckt sein. Stellen Sie sich vor, es ist Nacht in Zentralantarktika, eine typische Julinacht. Aus irgendeinem Grund treten Sie vor die Tür und schütten den kochend heißen Tee aus Ihrer Tasse im hohen Bogen in die Luft. Wenn der Tee den Boden erreicht, ist er bereits gefroren und zerspringt!

Hinzu kommt noch der Windchill, die gefühlte Temperatur. Durch die Gravitation angetriebene kalte Fallwinde, auch katabatische Winde genannt, wirbeln mit bis zu 290 km/h durch die Gegend – stark genug, um Schlittenhunde durch die Luft fliegen zu lassen, und laut genug, um ihr verängstigtes Jaulen zu schlucken. Weil Antarktika eine Eiswüste ist, verrotten Leichen nie. Und Schnee fällt erschreckend selten. Die gut zwölf Zentimeter, die dann doch pro Jahr fallen, schmelzen nicht, sondern türmen sich nur auf den bereits vorhandenen Schnee. Dadurch bilden sie eine leichte Angriffsfläche für den Wind, der ihn zu starkem Gestöber und zu einem Whiteout aufpeitscht. Wahrnehmungsstörungen kommen häufig vor, sogar bei Vögeln, und Besucher berichten vom gelegentlichen Verlust des Seh- und Geruchssinns. Die extremen Schwankungen je nach Sonnenstand – im Sommer 24 Stunden Tageslicht und monatelange Dunkelheit im Winter – können eine Art Schlaflosigkeit bewirken, die »Big Eye« genannt wird.

Antarktika ist so abgelegen, dass es überhaupt erst 1820 *gesichtet* wurde, über drei Jahrhunderte, nachdem Kolumbus die Neue Welt entdeckt hatte, und zwar im Zuge einer Expedition unter der Leitung des russischen Marineoffiziers Fabian von Bellingshausen. Und als nun der Weiße Kontinent endlich aufgespürt war, quittierte Mütterchen Russland die Entdeckung mit Gleichgültigkeit. Heute erinnert sich außerhalb seines Heimatlandes praktisch niemand mehr an von Bellingshausen, zumal seiner Expedition zwei wesentliche Faktoren einer guten Abenteuergeschichte fehlen: Katastrophe und Tod.

Die Geschichte der Antarktis kommt einer Rallye menschlichen Elends gleich, angeführt von drei nicht ganz zufällig legendären Forschern, die um die Jahrhundertwende von Bellingshausens Nachfolge antraten: Robert Falcon Scott, Roald Amundsen und Ernest Shackleton. Wenn man nur auf die PR schaut, hat das Trio die Nase vorn. Zum einen konnten sie einander nicht ausstehen, zum anderen machten sie die Erforschung der Antarktis – speziell das Rennen zum Südpol – zum makabersten Wettbewerb des Jahrhunderts.

Scott, der jähzornige Sohn eines englischen Brauers, ließ 1901 an Bord einer hölzernen Bark namens *Discovery* als Erster die Docks hinter sich. Doch die Reise wurde zu einem dreijährigen Albtraum aus schweren Schneestürmen, Skorbut, von Würmern befallenen Schlittenhunden und schlechter Vorbereitung. Etwa 1200 Kilometer vor dem Pol entschied sich Scott zur Umkehr – die Expedition verlief so absurd miserabel, dass zum Schluss die Männer die Hunde zogen. Für einen von Scotts Offizieren, Ernest Shackleton, war das Fiasko besonders misslich, denn er wurde von Scott herablassend und demütigend behandelt, weil er Ire war.

1908 unternahm Shackleton an Bord der *Nimrod* seine eigene Expedition, ungeachtet der Tatsache, dass er Scotts Ausgangsbasis auf der Ross-Insel nicht nutzen durfte. Als sich das Schiff einer bedrohlichen Eisfläche näherte, schlug er sein Lager trotzdem auf der Insel auf. »Was das Eis erst einmal hat«, warnte ihn einer seiner Männer, »gibt das Eis nicht wieder her.« Shackleton war so schlau, die Idee mit den Hundeschlitten zugunsten einer scheinbar klügeren Lösung zu verwerfen: sibirische Ponys. Aber leider waren die Ponys der Aufgabe auch nicht gewachsen, und die Männer kehrten etwa 160 Kilometer vor Erreichen des Pols wieder um.

Scott schlug zurück und leitete 1911 eine weitere Expedition an Bord des Schiffs *Terra Nova*. Er war angespannt, war ihm doch zu Ohren gekommen, dass ein norwegisches Team heimliche Pläne bezüglich des Pols hege. Inzwischen verfiel er wieder darauf, dass doch Männer die Lasten ziehen könnten – ganze Konvois von Männern, die Schlitten meilenweit übers Eis zerrten. Am 4. Januar 1912 schickte Scott die meisten zurück zum Basislager und nahm zusammen mit vier weiteren Expeditionsteilnehmern den letzten, qualvollen Vorstoß zum Pol in Angriff. Sie erreichten ihn am 17. Januar. Die Fotos von jenem Tag machen schaudern: vier gespensterhafte Engländer, frierend und mit eingefallenen Wangen, die grimmig auf eine im Wind flatternde norwegische Flagge starren. »Das Schlimmste ist eingetreten«, schrieb Scott in sein Tagebuch. Die norwegische Mannschaft hatte, hinter Schlittenhunden und einem nach Vanille riechenden Expeditionsführer namens Roald Amundsen herstapfend, Scott um 33 Tage geschlagen.

Die Reise zurück war ein Martyrium aus Unterernährung, Zähneknirschen und Temperaturen um die minus 77 °C. Die Kälte setzte den Männern erst recht

zu, als sie von einem heftigen Blizzard eingeschlossen wurden. Schließlich, so schrieb Expeditionsteilnehmer Apsley Cherry-Garrard, waren sie so weit, dass sie »den Tod als einen Freund ansahen«. Einer von ihnen, Lawrence Oates, stand der Legende nach einfach auf, sagte: »… bin mal für 'ne Weile weg«, dann ging er hinaus in den Schneesturm und starb. Nachdem sich Scott und sein Freund E. A. Wilson mit Tabak und Tee getröstet hatten, erfroren sie in ihrem Zelt, Scotts Arm über Wilsons Brust gestreckt. Scotts letzte Worte sollen gewesen sein: »Kümmert euch um Himmels willen um unsere Leute.«

Am Ende errang jedoch Shackleton den größten Ruhm, wenn auch nur, weil er überlebte und seine antarktische Geschichte erzählen (und weitererzählen) konnte. 1914 segelte er los, begleitet von der verwegensten Schar Taugenichtse, die je zusammengekommen ist – einschließlich Charlie »Doughballs« Green, einem verschrobenen Koch, der bei einem Unfall einen Hoden verloren hatte, und Hubert »Buddha« Hudson, einem schrulligen Steuermann, der einst durch die polare Kälte gesegelt war, nur mit einem um den Körper geschlungenen Bettlaken und dem Deckel einer Teekanne auf dem Kopf. Im Januar 1915, eine Tagesreise von Antarktika entfernt, wurde sein Schiff, die *Endurance*, hoffnungslos vom Eis eingeschlossen – »starr und fest«, schrieb ein Mannschaftsmitglied, »wie eine Mandel in einer Tafel Schokolade«. Im November sank das Schiff und zwang Kapitän und Mannschaft, fünf Monate lang auf dem Eis auszuharren. Eine Weile lang tranken sie. (»Auf unsere Liebsten und Ehefrauen«, prosteten sie sich zu, »mögen sie einander niemals begegnen!«) Dann kam der Hunger, also schlachteten sie die Hunde einschließlich der Welpen.

Shackleton, ein Raubein mit einem Kiefer aus Eisen und dem Hang, Coleridge zu zitieren, unternahm daraufhin zwei wahnwitzige Fahrten in Beibooten, um Hilfe zu holen. Als er und seine Männer schließlich eine abgelegene Walfangstation erreichten, wo sie der intensive Geruch brennenden Trans empfing, machten sie einen so verwahrlosten Eindruck und stanken so übel, dass die ersten Leute, die ihnen begegneten, entsetzt Reißaus nahmen. Doch die gesamte Mannschaft konnte gerettet werden, was einen der Männer zu dem Fazit veranlasste: »Als Leiter einer wissenschaftlichen Expedition lobe ich mir Scott, für eine gut funktionierende Reise Amundsen, aber in einer aussichtslosen Lage, aus der es kein Entrinnen zu geben scheint, geht man am besten in die Knie und betet für Shackleton.«

Jeglichen Zweifel daran wusste »Sir Ernest«, wie Shackleton mittlerweile auch offiziell genannt wurde, wirksam zu zerstreuen. Wie Scott pochte er besessen auf seinen Platz in der Geschichte der Antarktis. Noch während er auf See festsaß, plante er bereits Fotoausstellungen – und tatsächlich, das muss man ihm lassen, hatte er auch einen Fotografen mitgenommen. Amundsen, der lakonische Norweger, der in Würde und Anstand de facto den Sieg errang, hatte das nicht. Am bedeutendsten bei der ganzen Geschichte über den Wettlauf zum Südpol ist vielleicht die Tatsache, dass sie von den Verlierern geschrieben wurde.

Bruno Zehnder, der die Legenden um die Abenteurer vergangener Tage gut kannte, führte ebenfalls Tagebuch zu seinen polaren Unterfangen – systematisch geordnete, farblich gekennzeichnete Notizbücher, liebevoll geschrieben. Das Besondere ist, vom lebendigen Stil mal abgesehen, dass sie sich einzig und allein auf die Antarktis und Pinguine konzentrieren. Selbsterkundungen waren seine Sache nicht. »Er war ja durch und durch Schweizer«, erklärt sein Freund, der österreichische Journalist Hans Janitschek. Und tatsächlich sind die Notizbücher keine privaten Tagebücher, sondern wurden mit Blick auf die Geschichte geschrieben.

Interessanterweise war aber Zehnders Privatleben ebenso reich und rätselhaft wie sein berufliches. Er wuchs als jüngstes von sechs Kindern auf, im schweizerischen Bad Ragaz, einem idyllischen Ferienort nicht weit von Liechtenstein am Fuße der Alpen. Sein Vater, Albert Zehnder, hatte eine besondere Art Skispanner für Holzski erfunden, seine Frau Marie führte einen Andenkenladen, der auf Porzellan spezialisiert war. Die Zehnders waren beliebt in Bad Ragaz, strenge Katholiken, die für harte Arbeit und Familie standen und über Trunkenheit, Zechgelage und jegliche Albernheit die Nase rümpften.

»Er machte mir alles nach«, erinnert sich sein Bruder Guido Zehnder, »nur machte er es viel sorgfältiger.« Guido fuhr mit zwölf in ein Sommerlager an der Côte d'Azur. Dort sammelte er 15 Schildkröten; Bruno 20. Dann blätterte der fünfjährige Bruno in einem Kinderbuch, und die Faszination von Schildkröten wich der für Pinguine. Er baute ein kleines Gehege im Garten, mit einem Teich, und bat seine Eltern,

ihm einen Pinguin zu kaufen. Er träumte von Pinguinen. Und wartete 25 Jahre, bis er endlich bei ihnen war.

1968 lebten die Brüder in Paris, Guido wohnte in der
Nähe des Place de l'Étoile und arbeitete bei einem Öl-
konzern, der 23-jährige Bruno war als Banker ange-
stellt und wohnte in Montmartre. Nachts stellten sie
mit atemberaubender Energie Frauen nach. Gutaussehend und schamlos hinterließen die beiden Brüder
ihre Spur in der Stadt des Lichts. Gemeinsame Erobe-
rungen waren nichts Ungewöhnliches. »Einmal«, erinnert sich Guido, »wohnten wir bei einem Reporter
von UPI, der morgens um fünf nach Hause kam, und
wir waren immer noch mit seinem Mädchen zu Gan-
ge. Als wir hörten, wie die Tür aufging, mussten wir
uns schleunigst aus dem Staub machen.«

Bruno fing an, mit einer umwerfenden 19-jährigen
halbmalaysischen Studentin namens Arielle Rajaona-

rison auszugehen. Wochen später kam er gegenüber Guido darauf zu sprechen und sagte: »Weißt du, ich muss dir ein sehr schönes Mädchen vorstellen.« Und plötzlich ging Guido mit Arielle aus. »Er wollte keine dauerhaften Beziehungen«, sagt Guido in seinem luftigen, mit Kunstwerken eingerichteten Haus in Westchester County, das er heute mit seiner Frau teilt – eben jener Arielle Rajaonarison. »Bruno hat gerne Mädchen aufgerissen«, meint sein Bruder. »Aber wirklich ernst war es ihm nie. Er suchte einfach nur den Kick im – wie sagt man so schön? – Erobern. Frauen liebten ihn. Er hatte so eine direkte Art. Er wollte ein Mädchen erobern, mehr nicht. Die Jagd war der Reiz.«

In jenem Sommer, während der blutigen Studentenunruhen, brach Brunos chronische Impulsivität so richtig aus. Er und Guido saßen in einem Taxi, das von der Bereitschaftspolizei angehalten wurde. Einen wohlwollenden Eindruck machten die Polizisten nicht gerade. Tür verriegeln, sagte Guido zu Bruno.

»Aber aus einem Grund, den ich bis heute nicht verstehe, öffnete er die Tür«, blickt Guido zurück. »Klar, sie haben ihn verprügelt.« Später, als sich Ärzte um seinen gebrochenen Finger kümmerten, sagte Bruno zu Guido: »Das war's mit Paris.« Und ging fort.

Die nächsten sieben Jahre war Bruno überall, nur nicht zu Hause, suchte Abenteuer in Russland, Indien, Vietnam und Japan, wo er Französisch und Deutsch unterrichtete und als Fotomodell arbeitete. Hochglanz-Magazine aus jener Zeit zeigen einen grinsenden, nordischen Womanizer in engen Hosen und mit Strubbelmähne. Er mochte exotische Frauen und exotische Landschaften, die er zu fotografieren begann. Eine entsprechende Ausbildung hatte er nicht, aber nachdem Guido ein recht passabler Fotograf geworden war, war es nur folgerichtig, dass Bruno es auch konnte.

LIEBE

1975 war Bruno 30 und redete so lange auf die Ver-
antwortlichen ein, bis er einen Job als Steward an
Bord eines dänischen Frachtschiffes ergattert
hatte, das australische Wissenschaftler in die
Antarktis bringen sollte. Er dachte sich,
er könne ein paar Bilder machen
und sie dann später verkaufen.
Es war der beste Plan, den er
jemals aussheckte. Als sich
das Schiff der antarktischen
Küste näherte, begrüßte ihn ein
lautstarkes Empfangskomitee von Pinguinen. Später beschrieb er diesen Moment als »religiöse Erfahrung«.

Wie alle waschechten Polarabenteurer sah Bruno Pinguine als eine Art Leitmotiv an. Fast vergessen
ist zum Beispiel die Tatsache, dass sich Scotts erste
Expedition darangemacht hatte, Kaiserpinguin-Eier

zu studieren, um eine Verbindung zu prähistorischen Vögeln herzustellen. Und als Shackletons Männer in ihrem Unterschlupf auf Tauwetter warteten, jagten die Vögel, die ohne Unterlass *Klark, Klark* riefen, dem Biologen der Expedition, der Robert Clark hieß, einen Heidenschrecken ein. Später töteten die Männer 600 Pinguine, schlugen ihnen mit Rudern die Schädel ein und verschlangen sie gierig, einschließlich der Augäpfel.

Zehnder fand, Pinguine seien (mit einem entschuldigenden Blick in Richtung Ente und Schimpanse) die drolligsten Geschöpfe auf Erden. Pinguine machen keine Kunststückchen – balancieren keine Bälle auf Nasen, spielen nicht Drehorgel und schlagen nicht die Becken. Die Ursache für das natürliche Talent des Pinguins zum Komiker – seine künstlerische Methode, wenn man so will – liegt ganz woanders. Es ist jenes trocken und mit unbeweglicher Mine vorgebrachte Drollige, jene Ernsthaftigkeit. Zuerst starrt er majestätisch auf die smaragdgrüne See, im nächstem Moment watschelt er los in jener Po-po-lastigen Gangart, die Erinnerungen an Monty Pythons Sketch mit dem »Ministerium für alberne Gänge« wachruft. Selbst die Namen der Pinguin-Arten sind grotesk (zumindest die englischen) und lassen an Tänze aus der Eisenhower-Zeit denken: The Rockhopper (Felsenpinguin), the Gentoo (Eselspinguin), the Chinstrap (Zügelpinguin), the Macaroni (Goldschopfpinguin).

Zwar verbringen Pinguine die meiste Zeit ihres Lebens im Meer, aber jedes Mal, wenn sie sich ins Wasser werfen, sieht es aus wie am ersten Tag des Schwimmunterrichts. Manchmal schlurfen sie zur Wasserkante wie Oma und Opa beim Badeurlaub, dann machen sie, Schnabel voran, einen Purzelbaum nach vorne. Oder sie nehmen Anlauf, hechten aber zu früh los, machen einen Bauchklatscher auf dem Eis und plumpsen kopfüber ins Wasser. Gelegentlich, wenn ein Pinguin nicht ins Wasser will, schleichen sich zwei andere von hinten an und schubsen ihn rein. Unverbesserliche Witzbolde, allesamt. Auf Scotts Reise ist es vorgekommen, dass Pinguine, hinterhältig und gemein, bis auf wenige Zentimeter an die angebundenen, geifernden Schlittenhunde herangetappt kamen und ausgelassen mit den Flossen schlugen. Artgenossen der Adeliepinguine finden Spaß daran, sich gegenseitig immer wieder Steine aus dem Nest zu stibitzen. Die beiden bekanntesten antarktischen Arten, die winzigen Adelie- und die imposanten Kaiserpinguine, unterscheiden sich im Stil ihrer Komik beträchtlich. Die Adeliepinguine sind eher rauflustig und komödiantisch, kleine Possenreißer eben. Die würdevollen Kaiserpinguine dagegen tragen auf ihre trockene Art eine Reserviertheit zur Schau, wie es Noël Coward nicht besser gekonnt hätte. Zehnder mochte das besonders an ihnen.

Zehnders erste Fotos waren eher flach und gestelzt, dennoch verkaufte er ein paar an japanische Magazine – gerade genug, um weitere Touren nach Antarktika zu finanzieren, die natürlich unumgänglich waren. Eine der Besonderheiten der Antarktis ist, dass sie niemandem »gehört«. (Nicht, dass man es nicht versucht hätte: Hitler wies dereinst an, aus der Luft Hakenkreuzfahnen an Metallspitzen über dem Kontinent abzuwerfen, und Argentinien schickte Frauen zum Gebären hin, um ein »eingeborenes« Volk zu schaffen.) Es ist eine Art freier Kontinent, lose kontrolliert durch ein internationales Übereinkommen, den Antarktis-Vertrag, der 1959 unterzeichnet wurde und das Gebiet zu einer entmilitarisierten Zone erklärt, das der wissenschaftlichen Forschung vorbehalten ist. 43 Länder halten sich an die Vereinbarung, und 17 einschließlich der USA und Russland betreiben hier wissenschaftliche Stationen. Zehnder, der sechs Sprachen beherrschte, finanzierte schließlich seine Besuche auf vielen dieser Stationen selbst, sei es auf der von Chile oder von Neuseeland, und blieb oft monatelang.

Zehnders immer ambitioniertere Fotoarbeiten deckten durchaus abgelegene Orte und Menschen ab – Geishas, Samurai, Tätowierungskünstler –, aber Pinguine behielt er immer im Hinterkopf. »Ich war mit einer Gruppe von Leuten unterwegs, die mir erzählten, ein Schweizer würde über Pinguine referieren«, erinnert sich Maya Floess, die zu Zehnders engsten Freunden zählte und zu jener Zeit in der Schweizer Botschaft in Tokio arbeitete. »Er stand auf einer Kiste und trug ein T-Shirt mit einem Pinguin drauf. Und um ihn herum auf dem Boden sitzend – lauter japanische Mädchen. Sie himmelten ihn an, als wäre er Michael Jackson.«

Zehnder überredete die richtigen Leute, um kurz nach dem Fall von Saigon 1975 nach Vietnam zu kommen. Zwar hatte die kommunistische Führung in Hanoi den meisten westlichen Journalisten und Fotografen die Arbeit untersagt, doch Zehnder, von einer Gruppe amerikanischer Militärangehöriger begleitet, durfte den Wiederaufbau nach dem Krieg fotografieren.

1980 lebte Zehnder dann offiziell in New York. Hier war auch Guido, und hier saßen die Magazine. Im Juni jenes Jahres sprach Bruno dann in einer stickig heißen U-Bahn-Station am Times Square ein attraktives junges Fotomodell an und zeigte ihr seine Fotomappe. »Ich bin Bruno Zehnder«, sagte er. »Sie wissen nicht, wer ich bin?« Nein. Er nahm denselben Zug wie sie, stieg aus, wo sie ausstieg. Hartnäckig wie ein Hund, der hinter einem Knochen her ist. »Sehr aggressiv«, erinnert sich die Frau, Heather May, ein schnellsprechender Hitzkopf. »Er war charmant, wirklich charmant. Gutaussehend – das volle Programm. Ich sagte zu ihm: ›Ich bin verabredet – hören Sie auf, hinter mir herzulatschen.‹ Also wollte er meine Telefonnummer, und die habe ich ihm gegeben.«

Bald schon lud Zehnder sie ein, mit ihm in seiner vollgestopften Einzimmerwohnung in der West 110th Street zu leben – vorausgesetzt, sie würde niemandem verraten, wo er wohnte. »*Nie-mals*«, erinnert sie sich. »Gäste hat er nie bei uns zu Hause empfangen. Mit bestimmten Dingen tat er sehr geheim. Den Leuten erzählte er immer, wir hätten uns auf einer Dinnerparty getroffen, auch wenn meine Geschichte wirklich viel besser ist als seine. Er war ein sehr, sehr großer Geheimniskrämer.«

Die Heimlichtuerei hatte einen praktischen Hintergrund: Alles, was er besaß, befand sich in jener kleinen Wohnung. Aber sie diente auch als sicherer Zufluchtsort, wenn er von Zeit zu Zeit in die depressive Phase seiner bipolaren Störung fiel. Dann blieb er im Bett liegen, brütete und grübelte er und wollte tagelang keine Menschenseele sehen. Dann trat wieder die manische Euphorie zutage, und er zog feiernd durch die Nacht – besonders gefiel es ihm im *Limelight*, einem beliebten Tanzclub in Chelsea – oder er arbeitete rund um die Uhr und machte nur Pausen, um sich neuen Kaffee zu holen. Ein Arzt verschrieb ihm Lithium, um die Stimmungsschwankungen zu mildern, aber Bruno blieb meist nicht dabei wegen der Nebenwirkungen, zu denen Mundtrockenheit und Gewichtszunahme gehörten. »Sein Leben wurde in vielerlei Hinsicht durch die manische Depression beeinflusst und gegliedert«, sagt May und fügt hinzu, dass Zehnder wie viele Manisch-Depressive sein Problem zu verstecken suchte. »Er litt ungemein.«

1984 überredete Zehnder Heather May, ihn auf eine fünfmonatige Reise in die Antarktis zu begleiten. Als das Schiff den Kontinent erreichte, weckte er sie früh um sechs mit den Worten: »Wir werden wohl heute unsere ersten Pinguine zusammen sehen.« Draußen auf dem eisigen Deck meinte sie, es wäre doch schön zu heiraten. »Werden wir«, sagte er, nicht ohne sich zu versichern, dass die Vögel zuschauten. »In einer Stunde.« Ein Hubschrauber brachte die beiden vom Schiff ans Ufer, und ein argentinischer Beamter vollzog die Trauung – in einer Eishöhle der argentinischen Station Marambio. Der Bräutigam trug aus Achtung vor den anwesenden – nicht zur menschlichen Spezies gehörenden – »Gästen« einen Smoking. (Das Ganze ist übrigens offiziell: Das glückliche

Paar ist ins Guinness-Buch gekommen und ziert sogar das Cover einer englischsprachigen Ausgabe von 1987.) Als das frierende Brautpaar aufs Schiff zurückkehrte, standen 250 Argentinier an Deck Spalier, und jeder küsste der Braut im Vorbeigehen die Hand.

Zwei Jahre später war die Ehe beendet.

SCHÖNHEIT

Mirny, die russische Forschungs- und Versorgungsstation in Ostantarktika ist ein unergründlich dunkler Ort. Pro Jahr gibt es ungefähr drei Wochen
Sonne und 300 Schneestürme. Die etwas
über 40 Besatzungsmitglieder, von denen die meisten Wissenschaftler
sind, bewohnen kleine, spartani-
sche Unterkünfte, die oft mit
Fotos von Verwandten oder
russischen Pin-up-Girls deko-
riert sind. Außer den Forschungs-
laboren gibt es einen Hobbyraum, einen Speisesaal und eine aus einem einzigen
Raum bestehende Krankenstation. Jeder der
Männer verdient um die 300 Dollar im Monat.

Zehnder unternahm drei Expeditionen zur Mirny-Station, und heute betrachten ihn die Russen als einen von ihnen. Doch auf der ersten Reise 1987 war er

ihnen ein Rätsel, dieser grinsende, ihnen überschwänglich die Hand schüttelnde Fotograf mit seiner schicken Ausrüstung und den einzeln eingewickelten Tafeln Schweizer Schokolade. Bis zum Zusammenbruch des Kommunismus sollten noch zwei Jahre vergehen, und bislang war Zehnders Anfrage, auf der Station wohnen und arbeiten zu dürfen, von Seiten Mirnys abgelehnt worden. Die Russen, die in den letzten Zügen der vom Kalten Krieg bedingten Paranoia gefangen waren, hatten noch nie einem aus dem Westen erlaubt, in Mirny zu leben, und sie waren nicht bereit, für einen dahergelaufenen Playboy aus New York, der sich in die »Polartauben« verliebt hatte, eine Ausnahme zu machen. Doch der weitere Verlauf erinnert an Zehnders Vietnam-Erfahrung: Moskau überging den Entscheid der hohen Tiere von Mirny. Bis zum heutigen Tag fragen sich Zehnders Freunde und Verwandte, wie er es geschafft hat, auf die Station zu kommen.

Die Leute von Mirny hatten ihre eigenen Vermutungen. »Damals«, sagt Artur Tschilingarow, ein beso bezwingend war, dass man ihm seine Ansicht, die Darstellung des »Pinguins« durch Danny DeVito im Film *Batmans Rückkehr* von 1992 sei »unfair gegenüber Pinguinen«, gerne abnahm. Noch eindrucksvoller war hingegen, dass er die Russen dazu bewegen konnte, ihren Müll wegzuräumen. Zehnder hatte schon immer großen Wert auf Umweltschutz in der Antarktis gelegt, aber jetzt wurde er geradezu eifernd. Er verbrachte Stunden damit, in der Umgebung der Station herumzulaufen, aufzuräumen – und sich zu ärgern. Die zunehmende Zahl von Forschungsstationen in der Antarktis verursachte immer mehr Abfall, der in rostende Fässer gestopft und auf provisorische Müllhalden gekippt wurde. Außerdem hatten Antarktisforscher kürzlich Spuren mineralischen Reichtums entdeckt – Gold, Silber, Eisenerz –, was, wenn auch nur minimal, eine kommerzielle Erschließung nebst den damit verbundenen Umweltschäden auszulösen drohte. (Das würde potenziell zu einem diplomatischen Albtraum führen, aber bisher gab es diesbezüglich noch keinerlei Entwicklung.)

Wegen Zehnders Hartnäckigkeit und seiner wachsenden Berühmtheit begannen die Russen schließlich, hinter sich aufzuräumen. 1987 bekam er einen begehrten Umweltpreis der Vereinten Nationen zugesprochen, gemeinsam mit Robert Redford, Jacques Cousteau und Sir Edmund Hillary. 1988 hatte das New Yorker Museum of Modern Art einige seiner Fotos angekauft, die inzwischen überall erschienen, auf Titelblättern von *Life* und *National Geographic*, auf Grußkarten, Kalendern und sogar auf der Vorderseite einer VISA-Karte, auf der eines seiner berühmtesten Bilder abgebildet war: zwei Kaiserpinguine, die Köpfe einander zugeneigt wie in stiller, inniger Einkehr.

Die Pinguine auf Zehnders Bildern nahmen mehr und mehr ausgesprochen menschliche Züge an – sie wurden anthropomorph, wie man so schön sagt. Eine Kolonie, aufgenommen vom Hubschrauber aus, lässt an eine Straßenszene von Magritte denken. Ein Kaiserpinguin steht mit geschwellter Brust, Orson Welles nicht unähnlich. Eine Kaiserpinguin-Mutter blickt besorgt auf ihr Vogelkind, dessen Schnabel zugefroren ist. Und einen Augenblick lang vergisst man, dass es *Vögel* sind. »Wie Porträts von Menschen«, sagt Zehnders Freund Peter B. Kaplan, ein ehemaliger Naturfotograf, der sich inzwischen auf Fotos von oben, von Gebäuden und Bergen aus, spezialisiert hat. »Er glaubte, dass da etwas Gegenseitiges, etwas Gemeinsames zwischen ihm und den Pinguinen bestand – irgendwie gab es da eine Verbindung ... Für ihn waren sie wie Menschen.«

1990 gelang Zehnder der ganz große Wurf: Eins seiner Bilder landete auf dem Titelblatt des *Time*-Magazins, dazu gab es eine Geschichte über die Verschandelung der Antarktis. Das Bild ist ein ganz typischer Zehnder:

JANUARY 15, 1990

SPECIAL REPORT
Rebuilding Eastern Europe

No. 3

TIME

INTERNATIONAL

Antarctica

Is any place safe from mankind?

Ein aus niedrigem Blickwinkel fotografierter Kaiserpinguin, der durch die ungewöhnliche Perspektive wirkt, als überrage er das Frachtschiff im Hintergrund. Die Aufnahme war, wie viele von Zehnders Fotos, so perfekt, dass die Leute glaubten, es sei irgendwie gestellt – ein Vorwurf, der oft erhoben und nie erhärtet wurde, Zehnder aber vor Wut platzen ließ. In diesem Fall hatte ihm sogar jemand vorgeworfen, er habe einen *ausgestopften* Pinguin verwendet. »Verfluchte Scheißkerle!«, brach es einem Freund gegenüber aus ihm heraus. Seine Anstrengungen als »Beschützer der Antarktis« trugen jedenfalls dazu bei, dass eine bedeutende internationale Vereinbarung unterzeichnet wurde, welche die Antarktis weitere 55 Jahre vor Ausbeutung schützt. In Anerkennung seiner Arbeit versammelten sich die Vertreter von 39 Staaten in einem spanischen Palast, dessen Wände man über und über mit seinen Bildern geschmückt hatte.

In den Kreisen der New Yorker Magazin-Fotografen war und blieb Zehnder jedoch der Außenseiter, der einfach nicht begreifen wollte, warum Pinguine nicht in jeder Ausgabe vorkamen. »So ungefähr einmal im Jahr rief er mich an«, erinnert sich Zehnders Redakteur bei *Life,* Jeff Wheelwright. »›Jeff‹, sagte er dann immer, ›ich muss dir ein paar Bilder zeigen!‹« Wheelwright, der Zehnder für »eine Art Genie« hielt, lud ihn daraufhin in die Bildredaktion von *Life* ein, und Zehnder blieb höflich hinter ihm stehen, während er die Dias auf dem Leuchttisch auslegte. Wenn Wheelwright sich darüberbeugte, um sie mit der Lupe zu betrachten, beugte sich Zehnder mit ihm nach vorn. Wenn Wheelwright sich wieder aufrichtete, richtete sich auch Zehnder auf. Oft verließ Zehnder das Gebäude mit leeren Händen, aber freudestrahlend. Denn er konnte sich immer wieder begeistern über dieses Wunder der Natur. Nachdem das Weibchen ein einziges Ei gelegt hat, übergibt sie es behutsam dem Männchen, der es sich auf die Füße legt und seine flauschige Bauchfalte schützend darüberstülpt. Die Männchen rücken immer enger zusammen, bilden einen wärmenden Pulk, in dem die Temperatur 15 °C über der Umgebungstemperatur liegen kann, und bewegen sich unablässig im Kreis und auch immer wieder auf dessen Mitte zu in einer Art ornithologischem Strudel. Das Ei wird vom Männchen ausgebrütet, welches das Junge in der Regel auch zum ersten Mal füttert, kurz bevor die Mutter zurückkehrt. Wenn das Küken so weit ist, dass es selber zurechtkommt, wird es bald Frühling. »Wie das Weibchen das Ei nach der Ablage vorsichtig dem Männchen übergibt«, sagte Zehnder einmal, »ist das Schönste, was ich jemals gesehen habe.«

Sein ganzes Wesen wurde immer schwerer greifbar. Spät nachts rief er seinen Schweizer Freund Ronald Bernheim an: »Ich bin gerade in Zürich, bist du noch auf?« Dann kam er um eins an, redete die ganze Nacht über aufgekratzt und ging im Morgengrauen wieder. »Er hatte zwei extreme Wesenszüge«, sagt Bernheim, das heißt, introvertiert und extrovertiert, »und dazwischen lag so gut wie nichts.« Dennoch baute er gerade um jene Zeit herum eine Beziehung zu Kwami Handy auf, einem ehemaligen Fotomodell, das er auf die für ihn typische Art und Weise kennenlernte: Er sprach sie einfach an, vor dem Lincoln Center, und gab nicht eher Ruhe, als bis sie nachgab. Aber es dauerte Monate, bis er sie in seine Wohnung ließ. »Was versteckst du da?«, fragte sie immer wieder. »Eine Leiche?« Als sie dann schließlich vor seiner Eingangstür stand, die gespickt war mit lauter handgeschriebenen Zitaten und Beteuerungen, in der Art von ›Zorn ist der schlimmste Feind‹ oder ›Stolz ernährt sich von Angst‹, blieb sie gelassen. Sie störte sich auch nicht daran, dass er seine Schränke abschloss. Und sie störte sich nicht daran, dass er immer, wenn sich ein Stimmungsumschwung bei ihm abzeichnete, einfach sagte: »Nimm es nicht persönlich, aber ich muss mal eine Woche oder so abtauchen.«

New York war für Zehnder zu einer Art Gefängnis geworden. Inzwischen war er 51 und die Tücken des Junggesellendaseins setzten ihm zu. Er schien von Natur aus unfähig, Wurzeln zu schlagen, zu einem geregelten Leben einfach nicht imstande. »Ich bin nicht normal«, schrieb Zehnder in sein Tagebuch. »Die Entscheidung steht fest! Entweder sterbe ich, oder ich gehe zu meinen geliebten gefiederten Freunden.« Also plante er eine, wie er sagte, letzte Reise nach Antarktika, er brauche »das eine Foto« von einem Kaiserpinguin-Küken im Moment des Schlüpfens.

»Er zog Parallelen zu ihnen«, sagt Handy über ihn und die Kaiserpinguine. »Hier in dieser Welt, mit den vielen Menschen überall, fühlte er sich fremd und fernab. Als ob er nicht hierhergehöre. Ein Pinguin gehört nirgends hin, außer dorthin und nur dorthin. Pinguine können woanders nicht überleben, und ihnen scheint es egal … Sie reagierten auf ihn und sie erwarteten wohl nichts anderes, als dass er auftauchte … Er identifizierte sich mit ihnen und wollte das den Leuten zeigen – wie sie füreinander sorgten, wie sie über ihre Eier wachten. Seiner Ansicht nach sollten die Menschen ein bisschen mehr wie Pinguine sein.«

In Sorge, dass er einfach nur vorm Leben davonlief, versuchte seine Freundin Maya Floess, ihn von der Reise abzuhalten. »Ich *muss*«, entgegnete er. »Es zieht mich.« Da kam sie ihm mit dem Lied von der Loreley, jener mythischen Nymphe, deren überirdische Schönheit die Schiffer auf die Felsen krachen lässt. »Ich hoffe, dir geht es nicht wie bei der Loreley«, redete sie ihm ins Gewissen. »Ich hoffe, du machst nicht so lange, bis du nicht mehr zurückkannst. Ich habe große Angst. Das erscheint mir doch fast wie

Schicksal – du und die Antarktis, wie ihr miteinander verbunden seid.«

»Mach dir keine Sorgen«, versicherte er ihr. »In einem Jahr sehen wir uns wieder auf den Treppen des Met.«

Im Normalfall erzählte Zehnder selten jemandem, wann er abreisen oder wann er wiederkommen würde. Er wollte keine Fragen von anderen – zu aufdringlich – und legte sich nicht gerne fest. Außerdem wusste er die Antwort selbst nicht genau, da russische Expeditionen aufgrund von Unterfinanzierung und Wetterkapriolen für ihre Unregelmäßigkeiten berüchtigt sind. Diesmal jedoch verabschiedete er sich ausdrücklich von den ihm Nahestehenden, mitunter sogar mehrmals. Am Abend vor seiner Abreise gab es ein Abschiedsessen mit seinem Freund und Agenten Henri Dauman, der darauf bestand, dass er sich nur zu zweit auf das tückische Polareis hinauswage. »Aber klar doch«, erwiderte Zehnder. »So blöd bin ich ja nun auch nicht.«

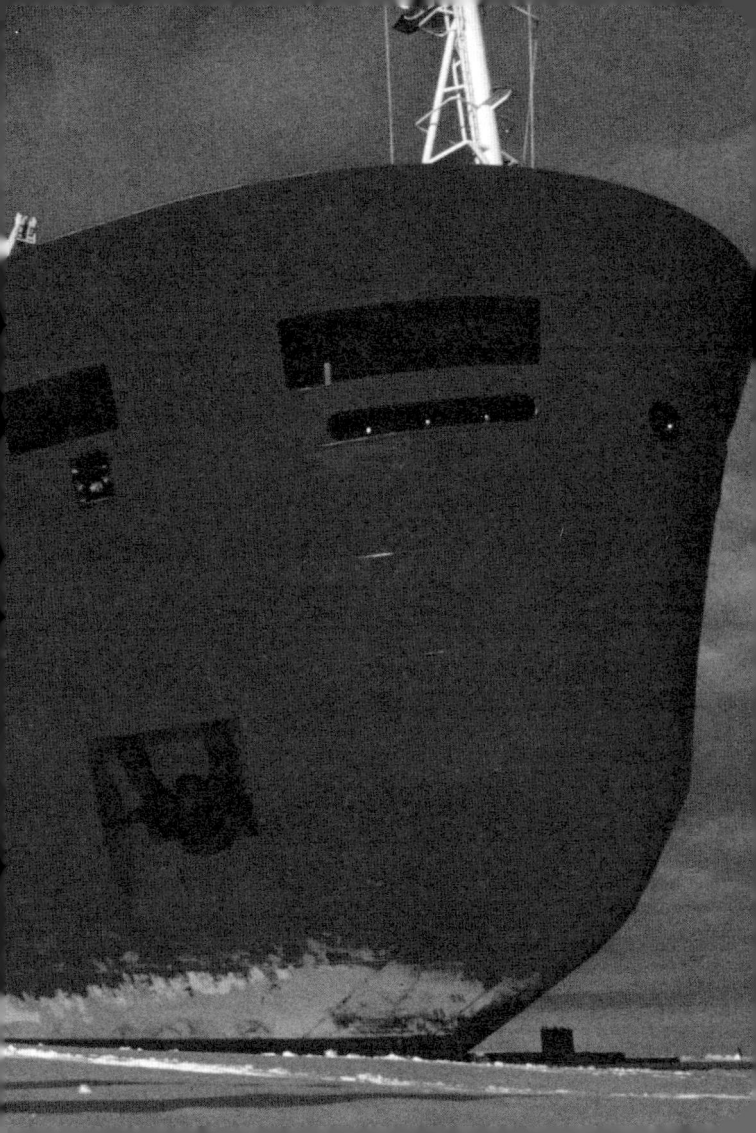

In sein Tagebuch schrieb Zehnder: »Die Antarktis wird mir den Kopf frei machen.« Von einer nicht ganz unwichtigen Kleinigkeit hatte er sich bereits frei gemacht – er hatte seinen zweiten Vornamen Joseph zugunsten von Pinguin aufgegeben.

Die *Akademik Fjodorow*, ein kirschrotes, eisgängiges Forschungsschiff, 141 Meter lang und mit Platz für bis zu 250 Mann, verließ St. Petersburg Mitte April mit Kurs auf Südafrika, wo sie Treibstoff und Proviant aufnahm und wo Bruno Pinguin Zehnder einer Pinguinkolonie einen kurzen Besuch abstattete. »Die Pinguine sind nicht davongelaufen«, notierte er. »Bei jeder anderen Person, die bei ihnen auftaucht, zerstreuen sie sich sogleich.« Am 16. Mai lief das Schiff wieder aus, vor sich eine Reise über gnadenlose 8000 Kilometer durch den Indischen Ozean bis zu den Küstengewässern vor Mirny.

Ungewöhnlich raue See brachte Seekrankheit und ein gewisses ungutes Gefühl mit sich. »Das wird keine gefahrlose Reise«, warnte der Meteorologe des Schiffes, als Regen die aufgewühlte, schaumgekrönte See peitschte. Wie immer unbeirrt, verschlangen die Russen gebratenen Fisch und Würste und verschwanden dann in einer »Trinkstube«, um Wodka zu picheln und um *Papirossi* zu rauchen, billige russische Zigaretten, eine nach der anderen. Zwei Wochen lang taumelte und schaukelte die *Fjodorow* wie verrückt und manövrierte durch »Pfannkucheneis«. Jeden Morgen kämpften sich die Männer im Schein einer roten Sonne über das sturmgepeitschte Deck zur Messe vor, wo so mancher verstohlen seinen Tee mit Wodka abschmeckte. »Alles andere«, sagte einer von der Mannschaft, »heißt bei uns Urin.«

Zehnder, einerseits entsetzt über die Sauferei, empfand die Kraft der Russen jedoch auch als belebend. »Du könntest sie im Niemandsland aussetzen«, schrieb er, »und sie würden nur mit Keksen – sogar alten – ein Jahr lang überleben.« Es begeisterte ihn, dass sie denselben Ort so liebten wie er. Tagein, tagaus sprang er wie ein Flummi auf dem Schiff herum, zeigte den Leuten seine Pinguinfotos, machte die wenigen Frauen an Bord an und hörte mit seinem Walkman Musik, immer wieder »Sloop John B« von den Beach Boys mit dem berühmten Refrain »Let me go home / I want to go home.«

Ende Mai, als die Männer erste Anzeichen von Langeweile zeigten (Cocktails aus Reagenzgläsern tranken wie in der Serie *M*A*S*H*) und begannen, einen Koller zu kriegen (sich wegen Schokoladenrationen zankten), veranstaltete Zehnder eine Diashow über Pinguine und warum man die Antarktis unbedingt sauber halten sollte. Als Dolmetscher fungierte für ihn die russische Gletscherexpertin Ludmilla Pisarewskaja. Sie wurden rasch Freunde, teils auch, weil sie eine der wenigen an Bord war, die Englisch sprach. Eine Romanze wurde nicht daraus, kannter russischer Forscher, der einst die Antarktis-Expeditionen seines Landes leitete, »wurden alle Ausländer als potenzielle Spione angesehen. Man darf nicht vergessen, dass das die offizielle Sichtweise der UdSSR war.« Dass Zehnder unablässig persönliche Fragen stellte, viel zu oft lachte und so gut wie nie Alkohol trank – ein massiver Verstoß gegen die Etikette in Mirny, wo Wodka die Muttermilch ersetzte – machte die Sache auch nicht besser. Zwei Mirny-Leuten zufolge freundete sich der nicht wortkarge Amerikaner dann auch noch mit einem Russen an, dessen Computerkenntnisse der Station sehr gelegen kamen. Kurz darauf, als dieser und andere Stationsmitarbeiter an einer Tagung in Australien teilnahmen, haute er in den Westen ab. Besagte Mitarbeiter sind sicher, dass Zehnder ihm zumindest den Anstoß dazu gegeben hat. »Zugegeben hat es Bruno nie«, erinnert sich Sergej Primakow, einer der Stationsleute. »Er lächelte bloß.«

Und doch wurde Zehnder zum Sympathieträger in Mirny, größtenteils aufgrund seines Charmes, der

SCHATTEN

Der Gedanke, wie das Weibchen ihr Ei dem Männchen übergibt, verfolgte Zehnder 1996 bei seiner Rückkehr nach New York. Inzwischen gab es für ihn nur noch Pinguine. »Meiner Meinung nach«, sagt Guido, »war das alles ein bisschen zu viel der Pinguine.« Bruno schickte einen seiner Pinguinkalender an Al Gore, der sogar prompt zurückschrieb. Jedem, den er mochte, gab er einen Kalender – Kindern, älteren Leuten, sogar Taxifahrern. »Mein Name ist Bruno Pinguin Zehnder!«, sagte er zu einem Taxifahrer namens Jack »the Hack« Dym. »Das ist aber nett«, erwiderte Dym. Und als Nächstes verbrachten sie Thanksgiving zusammen und sprachen nur über Pinguine.

aber intensiv war die Beziehung dennoch. (Bei Zehnder waren alle Beziehungen zu Frauen per definitionem intensiv.) Ausnahmsweise sprach er dieses eine Mal über seine Depressionen wie die, welche ihn am 7. Juni zu überkommen schien. »Es ist eine gottverlassene weiße Hölle«, schrieb er in Bezug auf die eisige Landschaft. »Sie könnte einen innerhalb von Sekunden verschlingen, und niemand würde etwas merken.«

In seinen dunklen Momenten lag er immer im Bett, hörte Mahalia Jackson, starrte auf zwei unerklärliche Fußabdrücke an der Decke und rang mit »diesen negativen Gedanken«. Pisarewskaja redete dann so lange mit ihm, bis seine Depression mal wieder überwunden war. Sie mochte Zehnder, auch wenn sie ein bisschen auf der Hut war wegen der Gerüchte, dass er ein Spion sei. »Wusstest du, dass es bei uns eine Redensart gibt, die Russen würden sogar in einer Blume einen Spion vermuten?«, fragte er sie. »Nein«, erwiderte sie, »habe ich noch nie gehört.«

STILLE

Am 8. Juni, etwas über 300 Kilometer vor Mirny, hatte die *Fjodorow* derart mit dickem Eis zu kämpfen, dass die Schiffswände wie ein Maschinengewehr vibrierten. Auf dem Eis hatte sich Schnee angesammelt, was einen Effekt wie beim Autoskooter hervorrief. Heftig bockend und durch das meterdicke Eis pflügend, kam das Schiff keine 500 Meter pro Stunde voran und verbrauchte 45 Tonnen Treibstoff am Tag – weitaus mehr als üblich. Das Ganze war so quälend, dass sogar die stoischen Russen nervös wurden, kaum noch etwas sagten und die Nacht durch eine Zigarette nach der anderen rauchten. »Der Tag ist zur Nacht geworden, und die Nacht zum Tag«, schrieb Zehnder.

Geschlagene drei Tage brauchten sie noch. »Mirny!«, rief Kapitän W. A. Viktorow plötzlich. Er schien ganz aus dem Häuschen. »Wir sind in Mirny!«

»Mein Zuhause«, sagte daraufhin Zehnder.

Eine halbe Meile Eis trennte das Schiff vom Ufer, also schafften Hubschrauber die Männer zur Station. Als Zehnder eintraf, wurde seine Begeisterung durch ein unbestimmtes Gefühl des Unbehagens gedämpft. Eine gewisse Anspannung lag in der Luft. Anfang der Woche hatte es eine handfeste Auseinandersetzung gegeben, und mehrere Stationsmitglieder trugen ein blaues Auge davon. 48 Leute zwischen 21 und 60 Jahren zählte die Besatzung von Mirny. Zehnder sehnte sich sofort nach Mundwasser und Zahnseide. Aber den Russen in ihren schäbigen Fellmützen und mit ihrem eher rustikalen Hygieneverständnis genügten ›eine Zahnbürste, Zahnpasta und Seife‹, dachte Zehnder.

Die Ausstattung und Einrichtung von Mirny – nie sonderlich modern – schien nun besonders heruntergekommen. (Wegen der schlechten Wirtschaftslage hatte Moskau begonnen, die Gelder für seine Antarktis-Stationen zu reduzieren.) Und dann war da noch der neue Stationschef Wladimir Stepanow, ein verbissener, halsstarriger Mann, der Zehnder gleich wie »Napoleon« vorkam. Als Zehnder Stepanow fragte, ob er und ein weiterer Mann mit einem der Bulldozer hinausfahren und nach Pinguinen Ausschau halten dürften, lehnte der Chef in schroffem Ton ab. »Stepanow mochte keine Menschen«, sagt Wowa Popow, der gutmütige Geophysiker, der Brunos engster Freund in Mirny wurde. Popow war 39 und hatte bereits ein Jahr in Mirny verbracht – dass er gut Englisch konnte, tat ein Übriges zu ihrer Verbundenheit. »Für Stepanow war Bruno ein Außerirdischer.« Und dann zog sich Zehnder zu allem Überfluss auch noch Erfrierungen zu.

Der Schmerz hielt nicht lange an. Am 11. Juni stapften er und einer der Russen durch den dichten Schnee und um glitzernde Eisberge herum in Richtung Haswell-Insel, die etwas über drei Kilometer weiter nördlich lag. Zehnder war zwar müde, aber auch ganz aus dem Häuschen vor lauter Vorfreude. »Die Eisberge wirken gefährlich, bedrohlich, wild, wunderschön«, schrieb er. »Jedes Mal, wenn wir um eine weitere dieser wie Eisskulpturen anmutenden Ecken bogen, war ich mir sicher, auf Kaiserpinguine zu treffen.« Schließlich traf die beiden, als sie gerade eine Eiswand passierten, ein Fischgeruch, der ihnen den Atem nahm. Fünfzig Meter weiter entdeckten sie einen dichten Haufen dunkler Punkte – ›wie die Mitte einer riesigen Sonnenblume‹, dachte Zehnder, als er auf 1500 Kaiserpinguine starrte. »Ja. Ja. Ja. Mein Herz, es ist gefunden!« Nicht weit entfernt, sahen sie eine weitere Gruppe von 3500 trompetenden Kaiserpinguinen, die nervös auf die Eindringlinge starrten und eifrig ihre Eier hegten und beschützten. »Ich war so aufgeregt, zu den Pinguinen zu kommen, dass ich vergaß, einen Pullover anzuziehen«, notierte Zehnder. Er war sich vollkommen darüber im Klaren, dass

seine Zeit hier ein besonders kostbares Gut war, und schrieb: »Eines Tages wird es der letzte Tag sein.«

Drei Tage später nahm Zehnder Ludmilla Pisarewskaja (die wie viele Gastwissenschaftler weiterhin auf dem Schiff wohnte und arbeitete) und einen deutschen Touristen mit, den er vom ersten Moment an nicht mochte. Die Pinguine, hatte sich der Deutsche mokiert, seien »rüde« zu ihm gewesen. »Sie müssen sich das schon erarbeiten«, war Zehnders Antwort. Fotos schoss er nicht. Er hatte das Gefühl, keine machen zu können, solange fremde Leute dabei waren, vor allem nörgelnde Deutsche. Ein paar Tage später nahm Zehnder Wowa Popow mit. Sie stiegen auf die Spitze eines Eisbergs hinauf und machten Pause, setzten sich hin und tranken Tee. Popow brach ein großes Stück Eis ab und platzierte es auf dem Schnee. »Das ist der Tisch«, sagte er und stellte seine Thermoskanne drauf. Zehnder war überglücklich. »Still«, flüsterte er, und dann blickten die Freunde schweigend auf 1500 Pinguine hinab – von der Sonne in violettrotes

Licht getaucht. Das einzige Geräusch, das sie hörten, war das Knistern des Eises und das »Atmen« des Schnees.

Unglücklicherweise war die Baracke, die sich 1995 als so nützlich erwiesen hatte, zur Station zurückgeschleppt worden zur Reparatur. (Zehnders Wäscheleine und seine Romane von Tolstoi waren noch drin.) Inzwischen hatte Stepanow Zehnders fortwährendem Bitten nachgegeben und ihm widerwillig erlaubt, alleine zu den Pinguinen zu gehen. »Bruno meinte, ein sehr erfahrener Polarbesucher zu sein«, sagt Stepanow. »Er sagte, er brauche keine Leute, die ihn begleiteten.«

Langsam wurden die Männer mit dem »Pinguinmann« warm. Er half ihnen mit ihrem Englisch – er war ein alter Grammatik-Fuchser – und ergötzte sie mit Geschichten über New York. »Hast du auch jedem fein die Hand gegeben?«, neckten sie ihn mit seiner Schwärmerei für die Pinguine. »Sobald sie schlüpfen, solltest du aber jedes Kind auch taufen.« Und als der Tag sich dem Ende neigte, entspannten sie sich alle an dem einen Ort der Station, an dem es so etwas wie Luxus gab: einer Sauna, wo einer der Männer alle mit Birkenzweigen schlug. »Du willst mit allen Freundschaft schließen, stimmt's?«, beobachtete Pisarewskaja, völlig richtig. Die herzlichen Russen hatten einen Riesenspaß mit Zehnder, auch wenn sie ihn nicht ganz verstanden. »Er konnte ganz ungewöhnliche Fragen stellen«, erinnert sich Leonid Popolitow, der frühere Stationschef von Mirny. »Er konnte sagen: ›Also, mit all den Jungs hier ist das ja wirklich eine Männergesellschaft. Wie schafft ihr es, ohne Frauen klarzukommen?‹ Jeder geht auf seine private Weise mit diesem Problem um – dem Frauenmangel. So etwas wird [bei uns] nicht in der Gruppe diskutiert.« Zehnder schien unempfindlich gegenüber Einsamkeit, die ja in seltenen Fällen Menschen schon der Katatonie anheimfallen ließ. »Wenn ich in der Natur bin«, sagte er immer, »bin ich nie allein. Ich habe gelernt, der Stille zuzuhören.«

Das mit dem Trinken war eine andere Sache. In seinen Tagebüchern geht es Seite für Seite um die Liebe der Russen zur Flasche. »Sie dekorieren ihre Zimmer mit leeren Wodkaflaschen!«, echauffierte er sich. Bekanntlich tranken einige der Männer, um den guten Wodka aufzusparen, 50-prozentigen Primasprit und spülten dann mit (na, was wohl?!) Wodka nach. Dieser Cocktail nennt sich »White Silence« – »Weiße Stille«. Und wenn der zur Neige ging, brauten die Durstigsten mit den trockensten Kehlen aus Hefe, Aprikosen und Orangenschalen ein russisches Feuerwasser zusammen. »Probleme runterspülen« nannte Zehnder das und bezog sich damit auf das seiner Ansicht nach bestehende Bedürfnis, die Probleme zu Hause, wo die Wirtschaft am Boden lag, auszublenden.

LICHT

Ende Juni war das Wetter miserabel. Schneestürme tosten, die Temperaturen fielen auf beinahe minus 35 °C. »Ich denke an die Pinguine«, schrieb Zehnder und fragte sich, »was die wohl machen unter dem alles erdrückenden Schnee. Ob sie leiden?« Er verbrachte so viel Zeit wie möglich draußen auf dem Eis und knipste. Ein einzelnes Klicken des Verschlusses schon konnte die Kaiserpinguine erschrecken, die dann auseinanderstoben und im Getümmel gegeneinanderprallten. Aber meist kooperierten die Tiere. Mitunter lag Zehnder stundenlang nahezu bewegungslos an derselben Stelle, um eine Aufnahme zu bekommen – was dann wiederum erforderte, dass er zwei Paar Handschuhe auszog, auf den Auslöser drückte und die Handschuhe danach wieder anzog.

Am 1. Juli meldete Molodjoschnaja, eine der anderen russischen Stationen, ein Sturm der Kategorie zwei rase auf Mirny zu. An der Station gibt es zwei Arten von Stürmen. Bei Kategorie eins beträgt die Sichtweite maximal 500 Meter und/oder die Windgeschwindigkeit liegt bei mindestens 88 km/h. Bei einem Sturm der Kategorie zwei liegt die Sichtweiter unter 50 Metern und/oder der Wind bläst mit 125 km/h. Zehnder wäre nicht Zehnder gewesen, wenn er nicht trotzdem vorgehabt hätte, rauszugehen. »Wo gehst du hin?«, fragte einer der Stationsleute.

»Zu den Pinguinen«, erwiderte er und lächelte dabei.

»Ein Sturm zieht auf, nach dem Mittagessen erreicht der uns.«

»Okay. Ich werde mich vorsehen. Wenn das Wetter zu schlecht wird, komme ich zurück.«

Zehnder trug sich im Stationslogbuch aus. Zögerlich und sichtlich ungern zeichnete der Stationsmensch gegen. »Sehr bürokratisch heute«, schrieb Zehnder an jenem Tag. »Wie bei Lenin.«

Am 5. Juli erblickte Zehnder sein erstes frischge-schlüpftes Kaiserpinguin-Küken auf dieser Reise. Am nächsten Tag beobachtete er zwei ausgewachsene Tiere, die anscheinend kurz vor der Eiübergabe stan-den. Dann nahm er bekümmert wahr, wie ein er-wachsener Kaiserpinguin hinfiel, sein Ei auf dem Eis verlor und mit schlagenden Flügeln davonlief. An je-nem Morgen waren Zehnder und die Russen Zeuge eines umwerfend schönen Sonnenaufgangs gewor-den und hatten später die Sauna genossen, die so heiß war, dass sich Zehnder die Nasenlöcher verbrannte. Am Abend hatten sie Hühnchen gegessen, russische Lieder gesungen und Wodka getrunken – Zehnder wie immer nur ein halbes Glas. Wie es schien, hatte er seinen Frieden gemacht mit Mirny und freute sich später in seinem Tagebuch: »Kein Streit und Zank!« Es war sein letzter Eintrag.

Zehnder bewohnte alleine eine kleine, vollgestopf-te Hütte im Radio Hill genannten Teil des Stationsge-ländes. Eine Art Veranda ging in Richtung Haswell-Insel, in deren Nähe sich die Pinguinkolonie niedergelassen hatte, und manchmal stand er nur da und blickte hinaus zu den Pinguinen. Den meisten Raum in der Hütte nahm seine Fotoausrüstung ein, und auf dem Schreibtisch hatte er, an eine tragbare Stereoanlage gelehnt, ein Polaroid-Foto von seiner Mutter stehen. Manchmal war die Luft außerhalb seiner Hütte so kalt, dass er der »Kühlschranktür«, sprich seiner Eingangstür, einen Tritt versetzen musste, um sie aufzubekommen.

Am 7. Juli stand er zeitig auf, um 7.30 Uhr herum wie meistens, um die knapp bemessenen Stunden mit Tageslicht zwischen 9 und 16 Uhr möglichst auszunutzen. Er wusch sich und zog seine Arbeitskleidung an: Unterwäsche, eine kurze Unterhose, zwei lange Hosen (eine aus Baumwolle, die andere eine Thermohose mit Isolierschicht), Baumwollsocken, Wollsocken, hochgeschnürte fellgefütterte braune Stiefel, ein blaues Jackett, eine warm gefütterte grüne Winterjacke mit pelzbesetzter Kapuze, schwarze Handschuhe,

Fellhandschuhe und eine rote Mütze mit Ohrenklappen. Er nahm seinen Rucksack (in den er Kameras, Ausrüstung, Kekse, Saft und sein Walkie-Talkie von Motorola gepackt hatte) und stapfte los zum Hauptbüro in der Stationszentrale, wo er sich bestimmt mal wieder ärgerte, weil sich der unnachgiebige Stepanow nur mit Mühe erweichen ließ. Zehnder hatte in letzter Zeit müde gewirkt. »Sehr schlecht« habe er ausgesehen, sagt Leonid Popolitow. »Geradezu kränklich.« Aber das Wetter war zu gut, um sich etwas entgehen zu lassen.

Er trug sich um 11.50 Uhr aus und wandte sich nach Nordosten in Richtung der Pinguine. Lief an Wowas Unterkunft vorbei, der am nördlichsten gelegenen Hütte von Mirny, nahe dem geophysikalischen Labor, in dem Wowa arbeitete. Bei klarer Sicht konnte Zehnder das Labor von Haswell aus sehen, was seinen Reiz hatte. Er hatte Wowa das zweite Walkie-Talkie gegeben und manchmal schwatzten sie auf einem privaten Funkkanal miteinander, Wowa inmitten seines Papierkrams, Zehnder inmitten von Pinguinen. Auf seinem Weg zu den Vögeln funkte er Wowa an: »Ich bin auf dem Weg zu den Pinguinen.« Wowa riet ihm dringend, doch erst zu Mittag zu essen. »Ach nein«, versetzte Zehnder ungeduldig, er wollte los, vor ihm lagen zweieinhalb Kilometer Fußmarsch. »Also, Wowa, noch mal: Ich gehe jetzt zu den Pinguinen.«

Er folgte demselben schmalen Pfad wie immer, an einer Landspitze namens Kap Mabus vorbei und an drei winzigen Inseln – Fulmar, Sykow und Buromski –, die wie Trittsteine auf dem Weg nach Haswell lagen. Die Brutkolonie hatte sich östlich von Buromski niedergelassen. Um eins hatte Zehnder die Pinguine erreicht, sich auf den Bauch fallen lassen und zu arbeiten begonnen.

In Mirny aßen die Männer unterdessen Suppe und spielten Billard, doch schon bald begannen die Wettermessinstrumente zu rotieren. Der Wind war aufgefrischt und die Sicht auf unter 500 Meter gefallen. Um 13.30 Uhr wurde Stepanow informiert, der zusammen mit Popolitow und Wowa an einem für dienstältere Stationsmitarbeiter reservierten Tisch saß. »Wir sollten ihn zurückrufen«, sagte Popolitow. Ein Funker versuchte, Zehnder zu erreichen, aber erfolglos. »Kannst *du* nicht Bruno erreichen?«, fragten sie Wowa. »Wir kommen nicht zu ihm durch. Das Wetter wird jetzt wirklich heftig.«

Wowa rannte zu seiner Hütte zurück und rief Zehnder auf dem Motorola. Um 13.45 Uhr stellte er eine Verbindung her. »Wir haben einen Sturm der Kategorie eins hier auf der Station«, teilte er ihm mit und konnte dabei kaum etwas durchs zugefrorene Fenster sehen. »Du solltest zurückkommen.«

»Och, ich kann nicht«, antwortet Zehnder. »Ich muß meine Arbeit beenden. Ich habe heute ein schönes Foto geschossen.«

»Du solltest heimgehen.«

»Na gut. Aber ich mache langsam.«

Wowa fragte Stepanow, ob er Zehnder entgegengehen dürfe. »Er kommt immer alleine zurück«, erwiderte Stepanow kopfschüttelnd. »Er kennt den Weg.« Ein wenig später fragte Popolitow einen Funker, ob er was Neues von Zehnder gehört habe. »Er ist schon zu Hause«, gab dieser zur Antwort. Erleichtert gingen die Männer an ihre Arbeit. Dann um 15.20 Uhr hörte Wowa eine Stimme übers Funkgerät. »Wowa, ich kann nichts sehen«, gab Zehnder durch. Der Funker hatte sich geirrt.

»Wo bist du?« wollte Wowa wissen.

»Zwischen der Fulmar-Insel und dem Schneehang am Mabus Point.«

In Wirklichkeit war Zehnder bereits viel weiter südwestlich jener Gegend, er bewegte sich auf die 30 Meter hohe Eisbarriere zu und von der Station weg.

»Bleib, wo du bist«, sagte Wowa. »Geh nicht weiter.«

»Verstanden«, erwiderte er. »Bin stehengeblieben.«

»Wir machen uns auf den Weg. Wir finden dich.«

»Okay.«

Zwanzig Minuten später hatten sich Wowa und ein weiterer Russe, Valentin Pljatschenko, auf den Weg hinaus in den Schneesturm gemacht – ohne Erlaubnis. Bald schon standen sie etwas über 400 Meter von der Station entfernt, aneinandergebunden mit einem »Blizzard-Seil«, einem knapp 4 Meter langen Drahtseil, das speziell für solche Situationen gedacht war. Inzwischen war der Sturm zu einem der Kategorie zwei angewachsen, der Wind fegte mit 112 km/h, und man konnte kaum mehr 50 Meter weit sehen. Es war, als ob man in einem Vanille-Milchshake unterwegs war – als Frappé serviert. Wowa schwenkte sein Funkgerät und versuchte so, die Richtung herauszubekommen, aus der Zehnders Frequenz gesendet hatte, aber das Signal flipperte zwischen den Gletschern hin und her. »Sag mal was«, wies er Zehnder an. Nachdem er festgestellt hatte, dass der Wind aus Osten blies, meinte er zu Zehnder, dieser würde in die richtige Richtung gehen, wenn der Wind seine linke

Gesichtsseite traf. »Verstanden«, erwiderte Zehnder. »Der Wind soll ins linke Auge blasen.«

Weitere zwanzig Minuten später, als die Sonne gerade unterging, wurde im geophysikalischen Labor und in den anderen Gebäuden das Licht eingeschaltet. Die Russen einschließlich Wowa und Popolitow begannen jetzt, Leuchtraketen abzuschießen und Dreier- und Fünfer-Rettungsteams zu bilden, in denen die Männer untereinander durch Blizzard-Seile verbunden waren. Um 17.00 Uhr brachen die Teams auf und schickten unablässig immer wieder Leuchtraketen in den Himmel. Sie kamen nur langsam voran, gegen den heulenden, jaulenden Wind gestemmt und kaum in der Lage, einander zu hören. »Ich sehe Licht!«, vermeldete Zehnder.

Gegen 18.15 Uhr hatte er die Eisbarriere entdeckt. Wenn er in der Nähe der Barriere war, das wussten die Russen, dann war er nicht mehr weit von der Station entfernt. Aber er sah weder die Station noch die Männer. »Ich sehe gar kein Licht mehr«, sagte er. Seine Stimme war praktisch nicht mehr zu verstehen – teils, weil die

Batterien des Funkgeräts langsam den Geist aufgaben, teils aber auch, weil sich inzwischen erste Anzeichen einer langsam einsetzenden Unterkühlung bemerkbar machten. Seine Körpertemperatur war nun sicher unter 37 °C gefallen, seine Rücken- und Halsmuskeln würden sich zusammenziehen und ein erstes Zittern ankündigen, etwas später würde er sporadisch zu zittern beginnen. Wenn seine Körpertemperatur auf 35,5 °C fiel, würde sich das Zittern verstärken und das Laufen und Sprechen würde ihm schwerfallen. »Ich bin nahe der Barriere«, fügte Zehnder noch hinzu.

»Geh weiter an der Barriere entlang bis zum Mabus Point«, drängte ihn Wowa. Er sollte in Richtung Osten gehen. »Gegen den Wind.«

»Verstanden. Gehe gegen den Wind.«

»Wir schießen jetzt Leuchtraketen ab. Halte danach Ausschau.«

Leuchtraketen überall am Himmel.

»Ich schaue«, sagte Zehnder. Seine Sätze klangen abgehackt. »Sehe Licht.«

Wieder stiegen Leuchtraketen auf.

»Ja«, sagte Zehnder. »Ich sehe Licht.«

Was er nicht wusste: Das Licht war überall und nirgends, wurde von Schnee und Eis zurückgeworfen. Die Reflexionen ähnelten einer Glitzerkugel. Eigentlich betörend schön, wenn sie nicht die Lebensrettung behindern würde. Auch die Eisberge waren nicht gerade hilfreich, sie spielten Pingpong mit dem Wind und warfen ihn hin und her. »Wenn man zwischen Eisbergen herumläuft«, sagt Popolitow, » …ist es unmöglich.« Bis 22.30 Uhr war die Sicht so schlecht geworden, dass Stepanow seine Männer zurückpfiff, weil er nicht noch mehr Verluste riskieren wollte. Um 22.30 Uhr instruierte Wowa Zehnder, sich einen Unterstand im Schnee zu bauen, ein improvisiertes Iglu, um sich warm zu halten. 1990 hatte ein japanischer Forscher genau das getan und überlebt. Aber Zehnder antwortete nicht. Eine Stunde später schickte Wowa eine weitere Leuchtrakete in den Himmel und funkte ihn an. Diesmal reagierte Zehnder, aber es war kaum zu hören. Noch zweimal in dieser Nacht, zwischen 1.00 und 2.00 Uhr, hörte ein Funker in Mirny zwei deutliche Klicks von Zehnders Funkgerät. Dann nichts mehr.

Irgendwann in der Nacht fiel Zehnders Körpertemperatur auf 35 °C ab, und er trat nun ins nächste Stadium der Hypothermie ein. Das Muskelzittern, womit sein Körper Wärme zu produzieren versuchte, wurde krampfartig. Nach ungefähr einer Stunde, als seine Körpertemperatur allmählich auf unter 34 °C absank, verlangsamte sich der Stoffwechsel. Mit an Sicherheit grenzender Wahrscheinlichkeit verlor er nun allmählich seine mentalen Fähigkeiten, taumelte wie in Trunkenheit, seine Motorik so erschlafft, dass er das Funkgerät nicht mehr betätigen konnte.

Am nächsten Morgen traute sich Popolitow nicht, seinen Kollegen zu sagen, was er dachte: dass Zehnder bereits tot sei. Die anderen, selber halb erfroren und ausgelaugt, wollten unbedingt einen weiteren Versuch starten, auch wenn der Sturm noch immer tobte. Wieder und wieder stapften Teams den ganzen

Tag und die ganze Nacht lang in den Blizzard hinaus, schossen Leuchtraketen ab und fanden nichts. Am nächsten Morgen, nachdem sich das Wetter endlich beruhigt hatte, schwärmten Rettungsmannschaften aus, angestrahlt von den Scheinwerfern der panzerähnlichen Kettenfahrzeuge – die Schneeverwehungen waren so groß, dass die Männer vor den Fahrzeugen herlaufen mussten, um den Weg zu bahnen. Popolitow und ein jüngerer Kollege, Wladimir Panfilow, wollten der Eisbarriere links der Station folgen. Um 8.40 Uhr hatten sie sich bereits 90 Minuten lang durch das Zwielicht gekämpft. Panfilow ging ein Stück voraus. Als ihn Popolitow einholte, weinte der junge Russe hysterisch und übergab sich. Er starrte Zehnder an, der auf einer ebenen Eisplatte nahe der Eisbarriere lag. In jener ersten Nacht war Zehnder tatsächlich nahe der Barriere gewesen, nur hatte er unglücklicherweise nicht gewusst, ob er sich rechts oder links der Station befand. Und nun lag er da, flach auf dem Rücken, die behandschuhten Hände über dem Gesicht, das von einer mehrere Zentimeter dicken Maske aus Eis bedeckt war.

Die Nachricht von Zehnders Tod verbreitete sich schnell, raste wie ein Lauffeuer von Mirny über Südafrika nach New York, wo sie Guido und Arielle mitten in der Nacht erreichte. In den darauffolgenden Tagen füllte sich Guidos Anrufbeantworter mit weitschweifigen Nachrichten, oft von »Freunden«, von denen er noch nie gehört hatte. »Frauen riefen an«, erinnert er sich. »*Viele* Frauen. Mindestens 50, aus allen Ecken und Enden der Welt. Ich wollte das alles gar nicht so genau wissen, es war ja auch eine recht unangenehme und etwas peinliche Situation. Viele weinten, und viele wollten in die Antarktis fahren. Und für mich war es ohnehin schon schwierig genug. Ich musste gegenüber den Frauen so tun, als sei jede die Eine und Einzige. Ich habe dann einfach immer bloß gesagt: ›Ja, ich weiß.‹«

Unter Zehnders Freunden und Verwandten machte sich unterdessen das Gefühl breit, dass irgendetwas nicht stimmte. »Man hatte so seine Zweifel bezüglich seines Todes«, sagt Hans Janitschek. »Ich möchte nichts ausschließen.« Heather May hegte noch mehr Verdacht und ging sogar so weit, einen Privatdetektiv zu engagieren. »Es könnte sehr wohl Mord gewesen sein«, sagt sie und weist darauf hin, dass Mirny mit einer Reihe von Satellitenverbindungen ausgestattet ist, über die vertrauliche Informationen übertragen werden. »Die andere Frage, die wir uns alle stellen, ist: War Bruno in etwas verwickelt? Wie tief steckte Bruno da wirklich drin? Arbeitete er für den KGB? Für die CIA? Für wen arbeitete er?« Für May, die sich mit seiner Geheimniskrämerei gut auskannte, kam alles zusammen: »Erstens, er reiste viel. Sprach sechs Sprachen fließend. Und wegen der verschiedenen Verbindungen, die er unterhielt, und seinen vielen Reisen in der Welt könnte gerade das doch die ideale Tarnung sein. Und ich wäre nicht die Einzige, die das nicht überraschen würde.« Sie fragt sich, warum beim Gedenkgottesdienst zu Ehren Zehnders in New York mindestens zwei CIA-Agenten anwesend waren, die Guido erkannt hatte. Sie fragt sich, ob man der russischen Version der Ereignisse trauen kann. Und angesichts dessen, dass viele Unterkühlungsopfer eng zu einer Kugel zusammengerollt gefunden werden, fragt sie sich, warum Zehnder flach auf dem Rücken lag.

Guido hatte schon zu Anfang seine Zweifel, besonders, nachdem man ihn informiert hatte, dass Zehnders Habseligkeiten Mirny erst mit der *Fjodorow* verlassen würden, also mehrere Monate später. Er und Arielle waren in St. Petersburg, als das Schiff endlich eintraf. Sie trafen sich mit vielen der Russen, auch mit Pomelow und Popolitow. Seit Zehnders Tod hatten die Russen Guido von Hand gezeichnete Karten zu jenem verhängnisvollen Marsch zukommen lassen. Sie übergaben ihm einen gründlichen Autopsiebericht (offizielles Fazit: »Unterkühlung, Kardiopulmo-

nales Versagen«) sowie Fotos vom Unglücksort und erzählten alles bis ins kleinste Detail. »Als ich nach St. Petersburg kam, hatte ich viele Fragen«, sagt Guido. »Die haben die Männer alle beantwortet. Sie hätten uns nichts zu geben brauchen, sie mussten das nicht tun. Aber sie gaben, so viel sie nur konnten. Einige von ihnen hatten Tränen in den Augen.«

Guido sagt, die CIA-Leute bei dem Gedenkgottesdienst seien alte Freunde von ihm und seinem Bruder gewesen. Wie Bruno es jedoch geschafft hatte, in zwei Gebiete des kommunistischen Blocks zu reisen – Vietnam und Mirny – das konnte er sich auch nicht erklären. Entsprechende Unterlagen konnte er weder zum einen, noch zu dem anderen finden. Jetzt zumindest bietet der ehemals hochrangige Sowjetfunktionär Artur Tschilingarow eine Erklärung. »Ich erinnere mich noch, wie Bruno zum ersten Mal in mein Büro kam«, besinnt er sich. Tschilingarow ist einer von Russlands berühmtesten Polarforschern und sitzt heute in der Duma, dem Unterhaus des russischen Parlaments, deren Vizepräsident er zwischenzeitlich war. »Ich sah seine Fotos und entschied, alles in meiner Macht Stehende zu tun, damit dieser Mann in die Antarktis käme … Bruno war Ausländer, und die Zeiten waren nicht einfach, [aber] politische Beweggründe leiteten mich nicht.« Zehnders Freund Malcolm Browne, der für die *New York Times* vom Vietnam-Krieg berichtete, versuchte sich an einer Theorie: »Seine Schweizer Staatsangehörigkeit war bestimmt sehr hilfreich«, sagt er, auf die Neutralität der Schweiz bezogen. »Außerdem betonte er immer, dass er nicht auf Ärger aus war. Er war da, um zu dokumentieren, was er sah. Bei Bruno erwartete keiner, dass er über politische Dissidenten und dergleichen berichten würde … Politik interessierte ihn ganz sicher nicht.«

Für die Russen war Zehnders Tod auch im Nachhinein noch schmerzhaft. »Brunos Tod war absolut unsinnig, das hätte wirklich nicht sein müssen«, sagt Tschilingarow. »Er starb aufgrund von fundamentalen Mängeln bei Disziplin und Organisation.« Womit er offenbar die Entscheidung meinte, Zehnder alleine in die tückische und feindliche Umgebung hinausgehen zu lassen. Popolitow, der sich 1995 sehr bemüht hatte, seine schützende Hand über Zehnder zu halten, pflichtet dem bei: »Wäre ich Stationsleiter gewesen, ich hätte ihn nicht alleine gehen lassen.« Und fügt hinzu: »Aber bei dieser Expedition war ich nicht Stationsleiter.« Schuldzuweisungen lehnt er jedoch ab und bemüht eine alte russischen Devise, die man grob mit »Nach der Rauferei hältst du die Klappe« übersetzen könnte. Und als ob er das untermauern müsste, ging Wowa Popow ein paar Wochen nach Zehnders Tod während eines Schneesturms hinaus, verirrte sich prompt und knallte beinahe kopfüber in einen Eisberg. Bei einem Unfall etwas später stürzte ein Hubschrauber während eines Zubringerflugs zur *Fjodorow* ab, fünf Besatzungsmitglieder kamen ums Leben, und Popow lag halbtot anderthalb Stunden auf dem Eis, während ihm drei Finger und Zehen ganz oder teilweise abfroren.

Wladimir Stepanow ist schnell dabei, seinen Umgang mit der Situation zu verteidigen. Er betont, dass Zehnder einen Vertrag unterschrieben hatte, in dem er jegliche Verantwortung für sein eigenes Wohlbefinden übernahm. Auf die Frage, ob er heute anders handeln würde, fingert Stepanow nervös an seiner Brille herum und sagt dann den einen Satz, über den sich alle Russen einig sind: »In der Antarktis gibt es keinen zweiten Versuch.«

Warum Zehnder flach auf dem Rücken liegend gefunden wurde, dazu gibt es Folgendes anzumerken: Manche Hypothermieopfer driften in eine Art geradezu euphorischen Traumzustand ab, ausgelöst durch Sauerstoffmangel und ein generelles Herunterfahren des Körpers. (Einige Unterkühlungsopfer ziehen sogar ihre Sachen aus – dieses Phänomen nennt man »Kälteidiotie« oder »paradoxes Entkleiden«, das, so glaubt man, ausgelöst wird, weil bei einer Erweiterung der zuvor zusammengezogenen Blutgefäße nahe der Körperoberfläche Blut in diese zurückschießt und dem Betroffenen plötzlich ein Gefühl von Hitze suggeriert.)

»Ich komme aus den Bergen«, sagt Maya Floess, deren Familie aus dem schweizerischen St. Moritz stammt. »Ich weiß, wie es ist, sich im Schnee zu verirren. Man würde sich nie und nimmer hinsetzen. Aber wer an Unterkühlung stirbt, setzt sich hin. Man wird sehr, sehr müde und schläft dann friedlich ein. Und ich hoffe, dass es Bruno so ergangen ist.«

Ludmilla Pisarewskaja geht noch einen Schritt weiter und kommt zu dem Schluss, dass Zehnder hier den perfekten Zeitpunkt gefunden hatte, sich zu verabschieden. »Ich glaube, er hat es so gewollt«, deutet sie an. »Ich glaube, er stand da draußen und blickte auf sein Leben zurück und dachte: ›Ich bin [bald] 52, habe keine Familie und das hier ist das letzte Mal, dass ich bei den Pinguinen bin. Und warum sollte ich nach New York zurückgehen, wo ich so einsam bin, wenn ich für immer hier bei meinen geliebten Pinguinen sein kann?‹ In New York würde er alleine sterben und begraben werden auf irgendeinem Friedhof. In Mirny würde er in der Nähe von Pinguinen begraben, auf einem Friedhof, auf dem alle Menschen zur Legende werden. Er würde für immer ein Teil dieses Ortes sein.« Letztlich weiß niemand, was Zehnder wirklich gedacht hat. Guido meint, sein Bruder sei im Sturm einfach müde geworden und habe »aufgegeben«.

Einige Wochen nach Zehnders Tod – nachdem alle diplomatischen Fragen geklärt waren und der Plan geschmiedet worden war, ihm in der Schweiz ein Denkmal aus fünfeinhalb Tonnen antarktischen Felsen zu errichten – versammelte sich die Mannschaft von Mirny zur Beisetzung auf der winzigen Buromski-Insel, wo alle diejenigen begraben werden, die auf oder in der Nähe der Station sterben. Als Zehnders Sarg auf einer Felsterrasse platziert und von Gesteinsbrocken umgeben war – der Boden hier erlaubt kein Ausheben eines Grabes – geschah etwas, das die Stimmung der Stationsleute aufhellte und was einigen bis heute ein Rätsel ist: 30 Pinguine watschelten aus dem Nichts herbei und schlossen sich sozusagen der Trauergemeinde an. Dies war umso verblüffender, weil auf der Buromski-Insel gar keine Kaiserpinguine lebten. Als der weltgrößte Pinguinfreund seine letzte Ruhestätte im Eis fand, waren die Vögel ganz still.

NED ZEMAN, Jahrgang 1966, schreibt als Journalist regelmäßig für *GQ, Sports Illustrated, Outside Magazine* und *Vanity Fair*. Für seine Langreportagen wurde er für den National Magazine Award nominiert. Seine Geschichte über Bruno P. Zehnder schrieb er selbst zu einem Drehbuch um, nachdem Hollywood die Filmrechte daran erwarb.

DIE BILDER

Für weitere Fotos von Bruno P. Zehnder:

UNTER PINGUINEN heißt die Wanderausstellung, die Charlotte Schneider und Charly Hochstrasser seit 2002 im Gedenken an Bruno P. Zehnder organisieren. Absicht ist, den Besuchern die Bedeutung der Antarktis für die Welt näherzubringen. Zehnders einzigartige Bilder werden ergänzt mit Exponaten zur Antarktis sowie Fachreferaten und Diavorträgen.

Weitere Informationen und Bestellmöglichkeiten zum jährlichen Kalender zur Ausstellung und dem Bildband WELT DER PINGUINE auf: www.unterpinguinen.com